AF343737

HENRY BONTOUX

L'Inauguration du Tourisme aérien
en Indochine

De la rivière de Saigon aux douves d'Angkor-Vat

(PHOTOGRAPHIES DE LA COMPAGNIE AÉRIENNE FRANÇAISE)

EXTRAIT d' « EXTRÊME-ASIE »

REVUE INDOCHINOISE ILLUSTRÉE

Organe officiel de Bureau du Tourisme en Indochine

MAI 1929

BUREAU DU TOURISME EN INDOCHINE

Direction à Saigon : CONTINENTAL PALACE HOTEL,
Bureau de renseignements aux MESSAGERIES MARITIMES

· *Agence à :*

HANOI — HAIPHONG — PHNOM-PENH — HUE — TOURANE
et SINGAPORE

Adresse Télégraphique : *Tourisme-Saigon*

Téléphone : N° 658

HENRY BONTOUX

L'Inauguration du Tourisme aérien
en Indochine

De la rivière de Saigon
aux douves d'Angkor-Vat à tire d'aile

(PHOTOGRAPHIES DE LA COMPAGNIE AÉRIENNE FRANÇAISE)

SAIGON
LES ÉDITIONS D'EXTRÊME-ASIE
1929

heures après se posait doucement à Phnom-Penh sur le Mékong, en face de la Résidence supérieure du Cambodge. Dans l'après-midi du même jour, il reprenait son élan et filant au-dessus du Mékong et des Grands Lacs, il venait, une heure trois-quarts plus tard, amerrir dans la douve Sud d'Angkor-Vat. Le même chemin le ramenait le surlendemain à Saigon.

Voyage accompli sans une difficulté, sans une panne, avec une régularité et une sécurité parfaites. Non pas une performance, mais une véritable promenade touristique exécutée dans des conditions parfaites et procurant un spectacle et une amplitude de vue que nul autre mode de locomotion n'est susceptible de donner. Tirant parti de toutes les conditions atmosphériques, planant à grande hauteur quand l'air s'encombrait des nuages, rasant presque le sol et les cours d'eau lorsque le ciel se clarifiait, se muant dès lors en une sorte d'automobile dont les roues ne toucheraient plus le sol, étalant sous lui la géographie en relief du pays survolé, l'hydravion glisse comme un grand oiseau, offrant à ceux qu'il emporte toutes les sensations de ses variétés d'altitude.

Entre les différents appareils à choisir pour le tourisme en Indochine on peut hésiter entre l'avion ordinaire et l'hydravion. Il semble cependant que ce dernier type ait un intérêt particulier dans une région de delta comme la Cochinchine et le Cambodge où sinuent, innombrables, les canaux, les arroyos, les rivières et les fleuves, où l'immense Mékong enlace le sol de ses mille bras, où l'on rencontre partout un plan d'eau pour amerrir. En outre, de par son essence même, l'hydravion est appelé, dans une large mesure, à suivre ou à remonter la direction des rivières et à survoler par conséquent les parties les plus riches, les plus belles, les plus riantes de la contrée.

C'est cette considération qui a entraîné, en faveur de l'hydravion, le choix de M. Robbe, le distingué Administrateur-Délégué de la Compagnie Aérienne française, et l'itinéraire qu'il a adopté, par suite, compose certainement une des attractions du voyage, Rivière de Saigon bordée de ses palétuviers aussitôt que s'est effacée l'activité commerciale de notre grand port, rizières découpant à l'infini sur le sol leurs figures géométriques, villages enveloppés de verdure,

Saigon. — Vue aérienne.

En survolant Saigon-Cholon.

En survolant Phnom-Penh.

Au-dessus d'Angkor-Thom. Le Bayon.

Au-dessus d'Angkor-Thom (Takéo). Quelques aspects des ruines d'Angkor dans la forêt.

Vue générale d'Angkor-Vat.

Vue aérienne, à 75 mètres de haut, du motif central d'Angkor-Vat.

scintillement des eaux qui coulent de toutes parts et réfléchissent la lumière, rives du Mékong qui déroule ses anneaux, immense étendue des Grands Lacs avec leurs contours vaporeux, tout ce paysage se grave dans les yeux et la mémoire, sans compter la vision de Phnom-Penh avec son pittoresque et ses installations royales.

Mais l'hydravion permet encore, et surtout, de faire à Angkor une arrivée aussi sensationnelle qu'impressionnante et, j'ajouterai, pratique, puisque c'est dans les douves mêmes de la Grande Pagode, au pied de l'immortel monument que la chaussée des Géants relie seule à la terre ferme. Aboutir au-dessus d'Angkor en plein vol, à mille mètres de hauteur, apercevoir au-dessous de soi, dans un raccourci saisissant et comme dans une synthèse précise, les ruines majestueuses enveloppées dans les plis de la forêt millénaire, voir en quelque sorte jaillir du sol et grandir les vastes coupoles qui surmontent les escaliers, les temples, les couloirs, et les cloîtres, distinguer davantage de seconde en seconde le détail des architectures, l'élégance des édifices, le relief des sculptures, la patine des pierres, l'entrelac des ramures et, dans une descente vertigineuse, s'asseoir sur l'eau dormante qui fuse autour de vous en escarboucles dans un cadre incomparable, c'est accumuler en quelques instants trop rapides, et que l'on regrette de ne pas avoir assez vécus, une infinité de sensations dont rien autre ne peut donner une idée.

Certes, l'admiration des temples et des monuments qui constituent Angkor est une admiration qui ne s'épuise pas et que des retours successifs ne diminuent jamais. C'est en quelque manière toujours avec la même émotion que l'on pose son pied sur ce sol sacré, que l'on gravit les degrés colossaux, que l'on suit les légendes développées sur les frises, que l'on chemine à travers la forêt pour voir subitement surgir un édifice inoubliable. Mais il n'y a peut-être rien de plus splendide que de pouvoir, de haut, embrasser tout cet ensemble d'un coup d'œil. Et, pour le spectateur retenu sur le sol, il y a quelque chose de magique à contempler ce grand oiseau dont les ailes ne battent pas, mais qui plane à toute altitude, décrire les orbes dont il enveloppe les coupoles, réalisant de la façon la plus inattendue l'antique légende du dragon volant, messager des dieux ou porteur des héros.

Là où, jadis, les toitures et les revêtements étincelaient d'or et de couleurs, où des foules innombrables et bariolées encombraient les chemins et les parvis, où le pas lourd des éléphants chargés de palanquins écrasait les dalles, où les armées bruissantes de piques et de javelots faisaient retenir leurs clameurs ; là, où aujourd'hui ne règne plus que le silence et où la forêt a drapé somptueusement tout un passé enseveli, la plus moderne et la plus fantastique des inventions humaines vient rejoindre et matérialiser réellement la légende et, faisant vibrer une clameur plus extraordinaire, saluer la beauté qui demeure éternelle.

Aussitôt après avoir touché l'eau, en descendant de ces hauteurs où se mêlent l'imagination, l'évocation, le rêve et ce besoin si contemporain de la vitesse,

L'hydravion arrivant de Saigon survole les ruines d'Angkor-Vat avant d'amerrir.

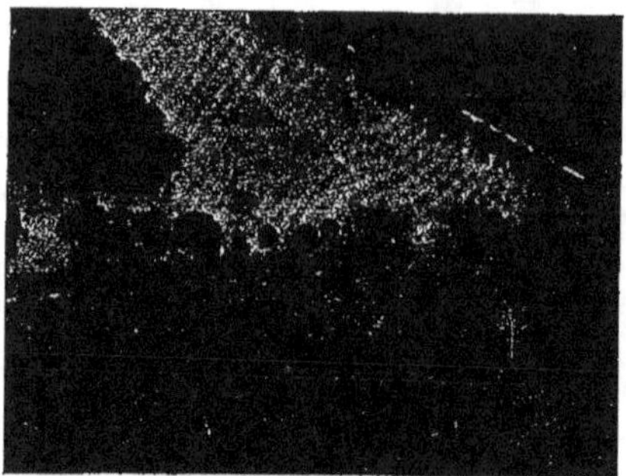

Vue de la douve Sud d'Angkor-Vat dans laquelle
a amerri l'hydravion.

MM. ROBBE, BONTOUX et ESPINET quittent l'hydravion
qui les a amenés.

l'hydravion glisse comme un canot et vient s'immobiliser devant le bungalow qui vous attend.

En un mot, pour me résumer, l'emploi de l'hydravion, pour le trajet Saigon-Angkor et retour, demande quatre heures de vol effectif dans le plus agréable paysage ; il permet de s'arrêter à Phnom-Penh le temps nécessaire pour parcourir la capitale du Cambodge, pour voir le palais, le musée et la pagode d'argent, et il vous dépose dans les douves mêmes d'Angkor. Quatre heures de vol à l'aller, quatre heures de vol au retour, le touriste peut ainsi aisément consacrer à Angkor une, deux ou trois journées selon le temps qui lui est imparti.

Cette manière originale, pittoresque et rapide de faire du tourisme ajoute une note piquante à la visite d'Angkor et je demeure convaincu qu'elle ne tardera pas à être recherchée. Il fallait, au préalable, démontrer par une expérience, que le programme était pratiquement réalisable et il fallait pour cela que le premier voyage emmenât de vrais passagers. C'est ce qui a été fait puisque ce premier voyage a transporté à Angkor en dehors de M. Robbe, M. Espinet, Délégué du Cambodge au Conseil supérieur des Colonies et. l'Administrateur-Délégué du Bureau du Tourisme en Indochine qui a l'honneur de signer ces quelques lignes après avoir participé à l'intéressante excursion.

L'exemple qui vient d'être ainsi donné ne manquera pas d'être suivi surtout quand, dès le début de la saison prochaine, les services seront à même de fonctionner régulièrement et s'amplifieront d'autres initiatives. Comme je le disais en commençant, l'Indochine aura fait franchir au tourisme une étape importante et elle aura pourvu d'un attrait nouveau les charmes qu'elle exerce, et le rayonnement prestigieux d'Angkor.

Henry BONTOUX.

Pour tous renseignements sur le Tourisme Aérien en Indochine

s'adresser au

BUREAU DU TOURISME EN INDOCHINE

Saigon : CONTINENTAL PALACE HOTEL, MESSAGERIES MARITIMES

Adresse Télégraphique : *Tourisme-Saigon*

Téléphone : Nᵒ 568

Agence à :

HANOI — HAIPHONG — HUE — TOURANE — PHNOM-PENH
et SINGAPORE

HENRY BONTOUX

The opening of Aerial Tourism

in Indochina

From Saigon river

to Angkor-Vat on a straight wing

(PHOTOGRAPHS BY COMPAGNIE AÉRIENNE FRANÇAISE)

FROM «EXTRÊME-ASIE»

«REVUE INDOCHINOISE ILLUSTRÉE»

Official organ of the Tourist Bureau in Indochina

MAY 1929

HENRY   BONTOUX

•

The opening of Aerial Tourism
in Indochina

From Saigon river

to Angkor-Vat on a straight wing

(PHOTOGRAPHS BY COMPAGNIE AÉRIENNE FRANÇAISE)

SAIGON

LES ÉDITIONS D'EXTRÊME-ASIE

1929

Three of the Wonders of the World

Three sites of peerless beauty are Indochina's glory

The Baie d'Along.

The Baie d'Along.

ANGKOR, *the ancient capital of the Khmer Kingdom*

HUÉ, *the imperial town with its mysterious charm*

the «BAIE D'ALONG,» *with sceneries that sets one dreaming*

For all information concerning Tourism in Indochina, apply to the

TOURIST BUREAU IN INDOCHINA

Saigon : *Continental Palace Hotel Messageries Maritimes*

Agencies at
HANOI-HAIPHONG-HUÉ-TOURANE-PHNOM-PENH-SINGAPORE

The landing-place of the passengers of the C^le Aérienne Française on the Saigon river, square Rigault de Genouilly.

Indochina has just, the first, marked a step and realized a remarkable progress in opening Aerial Tourism in view of establishing rapid connections between Saigon and Angkor. Travel byway of the Air which had, up to date, been considered only as a postal and commercial point of view has just been used, for the first time, solely for Touristic purposes and this will mark a date in the annals of International Tourism.

The ambition of using the air-ways to establish more easy and rapid connexions between our great Indochinese metropolis and the grandiose remains of the famous Khmer city had since long been considered. To allow an easy access of one of the purest marvels of the world and to satisfy the universal desire to visit the famous ruins, it was necessary to abolish, through speed, the distance between Angkor and its natural entry : Saigon. The period described by Loti when, during days and days one had to use alternatively the launch and the bullock-car, creeping along the roads and waterways and without any fixed lodging, had receded through the ages. Navigation on the river had shortened the length of the voyage, and then with the motor-car it had become quite usual to drive in a single day through the five or six hundred kilometers of the journey.

While the roads in Indochina were improved with perseverance, that bridges took the place of ferry boats that hotels and bungalows were built or enlarged, that traffic by motor was largely developped both for the transport of groups and by private cars, the crowd of travellers grew larger every year. Tours and parties were organized from all parts of the world to accomplish this pilgrimage of art and beauty and there was not a single traveller going through the far East that did not desire to stop at Saigon and go to Angkor.

It was most important however that the means of access were rendered sufficiently rapid for the traveller to be able to remain in Angkor for, a sufficient length of time and it is then, taking this point into consideration, that the Tourist Bureau in Indochina had organized special and rapid services to allow passengers from the large steamers to visit Angkor during the time the boat lays in port of Saigon, their short stay in Indochina being thus a real enchantment.

By a curious turn of events, it was in the destiny of Angkor that her remote civilization should be revealed together with the progress of science, but there was something better to be done : put Angkor by means of the aeroplane at a four hours journey only from Saigon and allow Tourists, after a rather short time of flight and almost a flap of wing, to contemplate the beautiful panorama of the indochinese delta and remain in Angkor sufficient time to enjoy fully the site and the monuments.

This has been obtained now. experience has just shown in a practical manner that the connexion between Saigon-Angkor by Air, was no more a special event nor a raid and could be within every one's reach. In fact, the 10 th April last, a hydroplane of the « Compagnie Aérienne Française » took its flight from the banks of the Saigon river and two hours later softly landed at Pnom-penh, on the Mékong, opposite the Palace of the « Resident Supérieur du Cambodge ». The same afternoon it took again its flight over the Mekong and the great Lakes and one hour and 45 minutes later berthed in the South dove of

Angkor-Vat. The return journey was made by the same way two days later.

The voyage was accomplished without any difficulty or accident with perfect regularity and absolute security. This was not a performance but a real promenade accomplished under perfect conditions and showing a spectacle and a view which no other means of travel could give. Putting into profit all atmospherical conditions, flying at a great height when the sky became cloudy, or close to the ground and the waterways, when the sky was clear, something like a motor-car with wheels just above the earth, spreading underneath the map in relief of the country overflown, the hydroplane slided like a large bird giving to her passengers all the sensations of these changes of height.

Amongst the different machines which can be chosen for tourism in Indochina one can hesitate between the aeroplane and the hydroplane. It appears however that the later type is of special interest in a region of delta such as Cochinchina and Cambodgia where runs innumerable canals, arroyos, rivers, and where the immense Mekong clasps the ground with her thousand arms, every-where a water surface can be found on which it can descend. The hydroplane has, in the occurence, and for a large part, to follow the rivers and to fly over the richest, the most beautiful and the most enchanting parts of the country.

This consideration directed M' Robbe, the distinguished manager of the « Compagnie Aérienne Française » to adopt the Hydroplane for the itinerary he had chosen and which forms one of the attractions of the voyage. The river of Saigon with mangrove-trees on its borders, as soon as the signs of the commercial activity of our great port have disappeared, ricefields with their geometrical forms designed on the ground, villages covered with verdure, glittering of the waters running on all sides and reflecting light, banks of the Mekong which developps its rings, the immense spreadout of the great Lakes with their vaporous borders, the whole of these sights strikes the eyes and the memory, together with the picturesque vision of Pnom-penh and its royal accomodations.

Aerial view of Saigon.

While flying over Saigon-Cholon.

While flying over Phnom-Penh.

Over Angkor-Thom. — The Bayon.

Over Angkor-Thom (Takeo). — The ruins of Angkor in the forest.

General view of Angkor-Vat.

EXTRÊME·ASIE — B. 1.

The central subject of Angkor-Vat. View taken at 75 meters of height.

Then, with the hydroplane, one arrives in Angkor in a most exciting, impressing and also most practical manner, since it is in the very doves of the great Pagoda, at the feet of the immortal monument which the Giants causeway joins with the main land. To arrive over Angkor in full flight, at a thousand meters of height, to see beneath in a striking miniature and like a precise synthesis, the stately ruins envelopped in the folds of the millenary forest, to see springing from the ground and growing the large coupolas which surmont the stairs, the temples, the passages, the monasteries, to distinguish better second by second the details of the architecture, the elegance of the buildings, the set off of the sculptures, the patine of the stones, the entwining of the boughs and branches and, in a dizzy descent, to repose on the still water which splashes around you in carbuncles of an incomparable design, it is to accumulate in a few rapid instants, which one regrets not being longer, an infinity of sensations of which nothing else can give an idea.

Certainly the admiration for the temples and monuments which constitute Angkor is an admiration which cannot be exhausted and which several visits do not diminish. It is almost with the same emotion that one tramps over this sacred ground, that these tremendous steps are climbed, that the legends developped on the friezes are followed and that you tread through the forest to see suddenly spring out an unforgetable construction.

There is, perhaps, nothing more splendid than to take in at a glance the whole spectacle. And, for the spectator from the ground, there is something magical to contemplate this large bird which does not flasp its wings but which hovers above at all altitudes forming large orbs which envelop the coupolas, and realizing in an unexpected manner the ancient legend of the flying dragon, messenger of the Gods or carrier of the heros.

In the place where, before, the roofs and the coatings glittered with gold and colours, where innumerable and motley crowds filled the paths and the courts, where the heavy tramping of the elephants with their palankeens crushed the stone pavement, where the rustling armies with their pikes and javelins filled the air with their clamours; in the place where only silence actually reigns and where the forest has magnificently clothed an entombed past, the most modern and the most fantastic of human inventions rejoins and renders concrete the legend and, forming a still more extraordinary clamour, greets beauty which remains everlasting.

Immediately after touching the water, coming from the heights where imagination, evocation, dreams and the modern necessity of speed, are mingled together, the hydroplane slides like a boat and stops betore the bungalow.

In fact the journey Saigon-Angkor by hydroplane is done in four hours of actual flight in the most agreable scenery : sufficient time is allowed for stay in Phnom-Penh to visit the palace, the museum and the silver pagoda and you are landed in the very doves of Angkor. Four hours of flight going, four hours of

The hydroplane coming from Saigon, flies over the ruins of Angkor before landing.

For all information concerning Airial Tourism in Indochina

apply to

THE TOURIST BUREAU IN INDOCHINA

Saigon : CONTINENTAL PALACE HOTEL, MESSAGERIES MARITIMES

Telegraphic address: *Tourism-Saigon*

Telephone : N° 658

Agencies at :

HANOI — HAIPHONG — HUE — TOURANE — PHNOM-PENH
and SINGAPORE